SOBREVIVÍ

LA GRAN INUNDACIÓN DE MELAZA, 1919

Lauren Tarshis

ilustrado por Scott Dawson

Scholastic Inc.

Los personajes y detalles de este libro están basados en historias reales, pero se presentan como una combinación narrativa de ficción de diversos personajes y sucesos reales.

Originally published in English as *I Survived the Great Molasses Flood, 1919*

ISBN 978-1-338-85937-9

10 9 8 7 6 5 24 25 26

Printed in the U.S.A. 40
First Spanish printing, 2022
Designed by Katie Fitch

A todos los lectores
recién llegados a Estados Unidos

P U
TANQUE DE MELAZA
FERROCARRIL ELEVADO
CALLE COMMERCIAL
CALLE CHARTER

TO DE BOSTON
DETALLE DEL MAPA
NORTH END
BOSTON

SOBREVIVÍ

LA GRAN INUNDACIÓN DE MELAZA, 1919

CAPÍTULO 1

MIÉRCOLES, 15 DE ENERO DE 1919
ALREDEDOR DE LAS 12:30 P.M.
NORTH END, BOSTON

Carmen, de doce años, se estaba ahogando.

Se hallaba en medio de uno de los desastres más letales en la historia de Boston. Una ola gigantesca había inundado las calles como un monstruo que se arremolinaba y avanzaba más rápido que un tren. Había convertido los edificios en escombros, destrozado carretas y automóviles, y arrojado camiones al puerto.

Veintiuna personas morirían muy pronto. Muchos más se hallarían luchando por sus vidas.

Esta ola asesina no era de agua, no había venido del mar. La monstruosa ola estaba compuesta de un espeso sirope de color marrón conocido como melaza. Durante años, millones de galones de melaza pegajosa habían sido almacenados en un tanque de acero del tamaño de un edificio. El horrible tanque se cernía sobre el barrio de Carmen, tapando el sol.

Y en un instante, había estallado en pedazos.

Carmen y su mejor amigo, Tony, habían visto horrorizados como el tanque comenzaba a temblar mientras sus lados curvos se doblaban hacia dentro y hacia fuera. El tanque parecía haber cobrado vida, como si estuviera hirviendo de la furia, listo para destruir.

Y de repente, los miles de remaches que se habían utilizado para armarlo salieron volando.

¡Bang! ¡Bang! ¡Bang! ¡Bang! ¡Bang!

Volaron por el aire como disparados por una ametralladora. Segundos después, el tanque de acero estalló por completo. Pedazos de metal de todos los tamaños volaron por el aire como si fueran pájaros con alas afiladas.

Por un instante, la melaza se quedó flotando en el aire como una funesta nube de color marrón, para luego caer al suelo produciendo un gran estruendo. Al momento, las calles se convirtieron en ríos llenos de escombros, trozos de madera, metal y vidrio, automóviles y carretas volcadas.

Los caballos relincharon aterrorizados.

Se oyeron gritos de terror.

—¡Corran!

—¡Quítense de en medio!

—¡Socorro!

Carmen corrió para salvar su vida, Tony salió detrás de ella.

Pero la ola avanzaba demasiado rápido. En cuestión de segundos el remolino de sirope los había atrapado. La melaza rodeó las piernas de Carmen como un millón de serpientes que chorreaban baba. Luego le subió hasta la cintura y el pecho.

¡Tenía que hacer algo para salvarse!

Y entonces la vio: una carreta flotaba hacia ellos. Carmen y Tony consiguieron subirse... hasta que un enorme pedazo de metal del tanque chocó contra ella.

La chica trató de sujetarse cuando la carreta amenazaba con volcarse en medio del remolino, pero se resbaló y se hundió en el río de melaza.

—¡Carmen! —gritó Tony.

Eso fue lo último que escuchó antes de que la melaza la cubriera y se la tragara entera.

CAPÍTULO 2

CASI CUATRO MESES ANTES

VIERNES, 27 DE SEPTIEMBRE DE 1918

ALREDEDOR DE LAS 3:30 P.M.

NORTH END, BOSTON

Carmen y su amigo Tony volvían de la escuela caminando por las ruidosas calles de su barrio, el North End de Boston. Las carretas de caballos chirriaban y repiqueteaban, y los automóviles sonaban las bocinas. Un chico repartidor de periódicos gritaba un titular a todo pulmón.

—¡LA GRIPE MORTAL HA LLEGADO A BOSTON!

Por lo general, Carmen y Tony hablaban y bromeaban mientras se abrían paso entre las personas que abarrotaban la calle. A veces se detenían en la Pastelería Ortelli para ver si podían convencer a la Sra. Ortelli de que les regalara un *cannolo* cremoso o un *biscotto* crujiente, pero siempre se iban con las manos vacías. No obstante, seguían intentándolo porque la suerte podía cambiar en cualquier momento, ¿no es cierto?

Sin embargo, hoy Tony estaba de mal humor. El chico caminaba cabizbajo y con los hombros caídos.

Carmen trataba de animarlo, pero no servía de mucho.

—Me odia —se quejó Tony.

Se refería a su maestro, el Sr. Lawrence.

—No es cierto —dijo Carmen por centésima vez.

El Sr. Lawrence era el mejor maestro que habían tenido. Durante el verano había regresado del frente en la Gran Guerra. Había sido gravemente herido por una bomba y no había podido reintegrarse al ejército al salir del hospital. Así que no le quedó más remedio que volver a casa y comenzar a trabajar de maestro. Cojeaba muchísimo, pero esto no parecía molestarle.

—Soy un estúpido —continuó Tony.

—No es verdad —dijo Carmen, poniendo los ojos en blanco.

¿Cuántas veces le había dicho que solo tenía que estudiar más o abrir un libro de vez en cuando?

Esa era la razón por la que su amigo había suspendido el primer examen de Matemáticas importante del año. Aunque ella sabía que no era la mala nota lo que realmente le molestaba; había recibido muchas a lo largo de los años. Estaba enojado porque el maestro no lo dejaba salir durante el recreo para repasarle Matemáticas. La chica sabía que el Sr. Lawrence solo estaba tratando de ayudarlo.

Tony pensaba que el Sr. Lawrence solo estaba tratando de torturarlo.

—¡Ese examen estaba muy difícil! —refunfuñó, mientras esquivaban una enorme pila de boñigas de caballo que había en la calle.

—Bueno... —dijo Carmen.

Ella había sacado cien puntos, pero no se lo había dicho a Tony. Había doblado el examen y lo había guardado entre las páginas del libro que el Sr. Lawrence le había prestado, *El maravilloso mago de Oz*. El libro se trataba de una niña llamada Dorothy que había sido arrastrada por un tornado y había aterrizado en una tierra extraña llamada Oz.

Carmen se moría de ganas de enseñarle el examen calificado a su papá. Estaba segura de que él lo colgaría con los otros en la pared. Luego le daría una palmadita en la mejilla.

—Esta es la razón por la que vinimos a Estados Unidos —diría.

Habían llegado a este país hacía cuatro años provenientes de un pueblito en Italia. El pueblo era muy bonito y había sido el lugar donde su familia había vivido durante cientos de años. Pero en 1908, cuando ella tenía dos años, un fuerte terremoto sacudió el sur de Italia. Ciudades enteras quedaron destruidas. Y, unos minutos después del terremoto, olas gigantescas inundaron las costas. Más de 100.000 personas perdieron la vida, incluyendo a su mamá, que fue arrastrada por el mar.

Carmen solo tenía un recuerdo muy vago de aquel día terrible, un recuerdo tan borroso como un sueño. En él, se aferraba a la espalda de su papá mientras el mar se agitaba a su alrededor.

—¡Aguanta! —le había gritado su padre—. ¡Aguanta!

La voz de su papá se escuchaba por encima del ruido de las olas, por encima de los gritos de las personas que los rodeaban.

Carmen sujetó con más fuerza *El maravilloso mago de Oz* y Tony pateó un pedazo de manzana podrida hacia la cuneta.

Su papá nunca hablaba del terremoto, pero

siendo niña en Italia había escuchado las historias que le hacía su abuela, Nonna. Además, las huellas del desastre se veían por todo el pueblo: la iglesia destruida, la escuela en ruinas, el cementerio donde estaba enterrada su mamá.

Su papá habría querido quedarse en el pueblo, pero a medida que los años pasaron se dio cuenta de que allí no había futuro, sobre todo para la niña. La escuela nunca reabrió, y la mayoría de las chicas no iban a la escuela de todos modos. Era cada vez más difícil ganar dinero siendo un simple campesino.

Y esa fue la razón por la que, cuando Carmen cumplió ocho años, ella y su papá se subieron a un gran barco y viajaron a Estados Unidos. Le rogaron a Nonna que los acompañara, pero ella se negó.

—Alguien tiene que quedarse y vigilar todo esto, tesoro —le dijo a Carmen. Así era como la llamaba: tesoro.

Carmen detestaba la idea de dejar atrás a su abuela, pero siempre había sentido curiosidad por esa tierra mágica que se encontraba al otro lado del océano Atlántico: *l'América*.

Había imaginado calles doradas, rascacielos coronados con rubíes, espacios amplios y abiertos donde ella y su papá construirían una nueva vida. La vida sería mucho más fácil en *l'America*, estaba segura.

Entonces sonrió para sí al recordar lo sorprendida que se quedó cuando llegaron a North End. Miró

a su alrededor, tratando de recordar qué le había parecido el barrio en esa época, cuando solo tenía ocho años.

Los edificios estaban dilapidados y por todas partes había montones de basura. Los callejones oscuros estaban llenos de perros que se pasaban aullando todo el tiempo. Su papá y ella vivían en un apartamento tan pequeño que apenas había suficiente espacio para los dos... y para las ratas que se negaban a marcharse.

"¿En qué estaba pensando mi papá? ¿Acaso cometimos un error al venir aquí?", le había escrito a Nonna.

¿Por qué querría *alguien* vivir en *l'America*?

Pero Nonna le contestó diciéndole que tuviera paciencia.

"Los árboles no crecen de la noche a la mañana", le dijo.

Al leer la carta, Carmen se preguntó por qué Nonna diría algo así, si apenas había árboles en el barrio.

Sin embargo, muy pronto comprendió lo que su abuela había querido decirle. Se necesita tiempo para acostumbrarse a un nuevo lugar. Como los árboles, su papá y ella se adaptaron poco a poco a su nuevo estilo de vida y al ambiente de North End. Por supuesto que todavía echaba de menos a Nonna. De hecho, la extrañaba incluso más. A veces necesitaba escapar de los ruidos y la multitud, entonces se iba a un lugar tranquilo en su parque favorito, cerraba los ojos y fingía estar de vuelta en el pueblo.

Se imaginaba la bandera italiana con sus franjas y su escudo ondeando en la plaza. En ocasiones prácticamente podía sentir el aroma de la dulce brisa tan familiar, una mezcla de olor a limones, flores y mar.

Aun así, el barrio de North End era ahora su hogar. Le encantaba la escuela y siempre había algo nuevo que ver en la bulliciosa ciudad. Pero sobre todo le encantaban sus vecinos: Tony y su ruidosa familia, que vivían encima de ellos. Los habían acogido a ella y a su papá desde el principio. La mayoría de las noches los deliciosos olores que salían de la cocina de la Sra. Grasso pasaban por debajo de su puerta, y con la misma frecuencia la buena mujer enviaba a uno de sus hijos a invitarlos a su mesa, servida de enormes platos de pasta o garbanzos con sabor a ajo.

Carmen miró a Tony y sonrió para sí. Veía al chico más como un hermano que como a un amigo. ¡Y detestaba verlo tan triste!

Entonces se le ocurrió una idea que definitivamente lo iba a animar.

—Vamos —dijo, tomándolo del brazo—. ¡Echemos una carrera hasta el tanque de melaza!

CAPÍTULO 3

A Tony se le iluminó la cara y ambos echaron a correr. Carmen sabía que a él le encantaba el sirope pegajoso.

Y no era el único. Los niños del barrio visitaban el tanque de acero constantemente. El tanque tenía goteras, y la melaza caía por los lados, como si fuera un barquillo de helado derretido. Los chicos se llevaban la melaza a la boca con los dedos o hacían paletas de melaza con palitos. ¿Quién necesitaba gastar un céntimo en la tienda de caramelos cuando se podía comer melaza gratis?

—Creía que no te gustaba la melaza —dijo Tony mientras corrían.

Carmen se encogió de hombros.

—Tal vez le lleve un poco a Rosie.

Rosie era una yegua vieja que vivía en el establo donde trabajaba su papá. A la chica le gustaba montarla después de la escuela. Iban al parque junto al puerto, y Rosie se ponía a mordisquear la hierba mientras Carmen le escribía cartas a Nonna. A su abuela le encantaba que le contaran sobre la gente de North End, pero en particular de Tony; él era su favorito. Lo llamaba *trottolino*: chico salvaje.

Pero hoy, tanto Rosie como la carta a Nonna tendrían que esperar.

Solo les tomó unos minutos llegar al tanque, que se alzaba ante ellos como si fuera una de las montañas del pueblito de Carmen en Italia. Excepto que las montañas del pueblo eran hermosas mientras que el tanque marrón cubierto de sirope era simplemente horrible.

Tony puso la mano en el tanque pegajoso en cuanto llegó.

—¡Gané! —exclamó alegremente.

Carmen le sonrió. ¡Por fin se veía animado! La voz de Nonna resonó en su mente: *Ben fatto*, bien hecho.

—¡Increíble! —dijo Tony, retirando la mano con los dedos llenos de sirope—. ¡Está goteando como loco!

Tenía razón. El tanque siempre goteaba un poco, pero hoy el sirope le chorreaba por encima de las juntas. Chorros de melaza corrían en donde las placas de metal se unían unas con otras.

Tony se llevó un dedo a la boca y cerró los ojos.

—*QUÉ RIIIICOoooo* —dijo extasiado—. Sabe a Cracker Jacks.

Carmen metió un dedo en el sirope y se lo lamió como si fuera un gato.

—¡Puaj!

La melaza era dulce, pero te dejaba en la boca

un saber amargo a regaliz. Negó con la cabeza e hizo una mueca.

Tony se rio. Luego se untó un poco de melaza sobre el labio superior como si fuera un bigote.

—Hola —dijo, poniendo la voz grave—. Soy el Sr. Lawrence. ¡El recreo va contra la ley!

Ambos soltaron una carcajada.

—Busquemos palitos —dijo Tony, y comenzó a caminar alrededor del tanque, mirando al suelo.

Carmen no necesitaba un palo para hacer una paleta de melaza. Ya había comido suficiente por el día de hoy. Además, estar tan cerca del tanque le revolvía el estómago. Trató de no mirar las moscas muertas en los charcos pegajosos en el suelo. Hizo una mueca al sentir el olor dulzón a su alrededor. Qué asco. Miró al tanque, preguntándose por qué goteaba tanto. Quien quiera que lo hubiera construido hizo un mal trabajo. ¿Y por qué la compañía de melaza tuvo que poner un tanque tan grande precisamente aquí? Bloqueaba el sol y arruinaba la vista del puerto.

Y lo peor era pensar en el destino de toda esa melaza.

Había oído a su papá y a su jefe, el Sr. Vita, hablar del asunto hacía unos años. Estaban en la pequeña oficina en la parte de atrás del establo, jugando a las cartas, mientras ella cepillaba a Rosie.

—Dicen que puede almacenar dos millones de galones de melaza —dijo el Sr. Vita.

¿Dos millones de galones? Eso era suficiente para llenar un estanque.

Su papá soltó un silbido.

—¿Y qué hacen con tanta melaza?

Carmen se había preguntado lo mismo. Sabía que algunas comidas americanas famosas llevaban melaza, como los frijoles horneados y el pan de jengibre, pero ¿dos millones de galones? Eso era mucho pan de jengibre.

—La utilizan para hacer bombas —dijo el Sr. Vita.

—¿Para hacer bombas? —preguntó el papá de Rosie, sorprendido.

A Carmen casi se le cae el cepillo de la mano.

¿Estaría bromeando el Sr. Vita?

Para nada. Explicó que la melaza iba a una fábrica donde se hervía hasta convertirla en algo llamado alcohol industrial. Luego ese producto se usaba para hacer cartuchos de dinamita y bombas.

"Qué cosa tan rara", pensó Carmen.

Pero entonces Rosie resopló, impaciente por salir a pasear, y ella dejó de pensar en el asunto. En aquel entonces, el tanque de melaza era solo una de las muchas cosas raras de Estados Unidos. Por ejemplo, acababa de descubrir que los Red Sox no eran calcetines. ¿Y por qué tantas palabras en inglés tenían letras que no sonaban?

Las bombas tampoco significaban mucho en aquel entonces. La Gran Guerra acababa de empezar, y Estados Unidos aún no se había unido a la lucha contra Alemania.

Pero ahora, tres años después, decenas de miles de soldados estadounidenses habían muerto en feroces batallas. Ella sabía que esta guerra era mucho más sangrienta que las anteriores. Se utilizaban armas nuevas, como ametralladoras que disparaban cientos de balas por minuto y un gas venenoso que quemaba la piel y los pulmones.

La chica dio un paso atrás y se quedó mirando el horrible tanque, como si lo viera por primera vez.

Entonces recordó al Sr. Lawrence cojeando por el aula y, de repente, la melaza no le pareció tan divertida.

Miró a Tony, que tenía la cara cubierta del sirope pegajoso, y no pudo evitar sonreír.

—Oye —dijo—, ¿ya terminaste?

—Solo un poquito más... —comenzó a decir Tony, pero lo interrumpió un gruñido bajito.

GROAR gro gro gro gro GROAR gro, gro, gro, gro...

CAPÍTULO 4

El gruñido se hizo más fuerte.

GROAR gro gro gro gro GROAR gro, gro, gro, gro...

—¿Crees que sean perros? —preguntó Tony, nervioso, y miró a su alrededor.

A Carmen se le revolvió el estómago.

El barrio estaba lleno de perros callejeros que vagaban en manada. Se pasaban la noche aullando en los callejones y muchos tenían rabia. Si te mordían, te esperaba una muerte horrible, a no ser que te pusieran la vacuna de la rabia directamente en la panza.

El gruñido fue en aumento.

GROAR gro gro gro gro GROAR gro, gro, gro, gro...

El suelo alrededor del tanque tembló ligeramente.

A Carmen comenzó a latirle el corazón con fuerza. ¿Sería un terremoto? No creía que ocurriesen en Boston, pero ¿qué sabía ella?

Se volteó hacia Tony, lista para agarrarle la mano y salir corriendo. Se imaginó al North End derrumbándose como su pueblo en Italia. Sin embargo, los hombres que trabajaban cerca seguían como si nada; continuaban haciendo rodar barriles y arrastrando cajas mientras hablaban y reían.

—¡Mira! —gritó Tony.

Carmen siguió la mirada de su amigo. El tanque vibraba, como si respirara.

"¿Habrá... habrá algo allá dentro? —se preguntó, y el corazón le dio un vuelco—. ¿Y si es una...?".

Pero el ruido se detuvo tan rápido como había comenzado. El tanque se quedó en silencio.

Los chicos estaban tan nerviosos que no oyeron los pasos que se acercaban por detrás.

—¡Oigan! ¿Qué hacen ustedes aquí? —retumbó una voz.

A Carmen el corazón le dio un brinco. Ella y Tony se voltearon lentamente.

Un hombre barrigón y con una barba negra grasienta los miraba con mala cara. Llevaba en la mano un hierro enorme... y parecía dispuesto a usarlo.

—No pueden estar aquí —gruñó—. ¡Esto es propiedad privada!

Carmen se dio cuenta de que el hombre debía de trabajar para la compañía propietaria del tanque.

—Lo siento —dijo, con la voz entrecortada—. Simplemente nos asustamos. El tanque hizo un ruido.

El hombre negó con la cabeza y puso los ojos en blanco, como si ellos fueran unos bebés.

—¿Y qué? Siempre hace ese ruido. ¿Acaso no sabían que la melaza hierve? —preguntó, y alzó el hierro—. ¡Ahora salgan de aquí antes de que los haga llorar!

Carmen y Tony salieron disparados.

El establo no estaba muy lejos. Llegaron corriendo y se detuvieron detrás de un cobertizo para recuperar el aliento. Luego se miraron... y estallaron en carcajadas.

—¡Pensé que había un monstruo dentro del tanque! —exclamó Tony, haciendo una mueca y poniendo las manos como si fueran garras—. ¡Groar! ¡Soy el monstruo de la melaza! ¡Mira como lanzo melaza por los ojos! —añadió—. ¡Aunque el monstruo bien podría ser un tiburón que se coló en el tanque a través de una tubería!

Carmen sonrió. Tony sabía lo que decía. La melaza llegaba a Boston en grandes barcos que venían de Cuba y Puerto Rico, dos islas del

Caribe. La extraían de los barcos y la depositaban en el tanque a través de un tubo gigante.

La chica terminó de recuperar el aliento y comenzó a quitarse el polvo del abrigo.

No le dijo a Tony lo que realmente había pensado cuando escuchó el ruido: que una persona estaba atrapada en el tanque. Quizás un trabajador se había caído dentro y se estaba ahogando en el asqueroso y amargo sirope.

Solo de pensar en eso se le aceleró el corazón. No obstante, en cuanto vio la cara sonriente de su amigo se tranquilizó y se echó a reír.

"¡Deja que le cuente a papá!", pensó.

Entonces, ella y Tony abrieron la chirriante puerta del establo y entraron.

Al instante, la chica se sintió más tranquila al sentir el olor a heno y a caballos, y al escuchar el relincho de Rosie. La yegua era el único caballo en el establo a esa hora del día. El resto se encontraba afuera, tirando de carretas que viajaban por todo Boston. Rosie era demasiado vieja para trabajar, pero el Sr. Vita la quería demasiado para venderla.

La yegua asomó la cabeza blanca por la puerta de su compartimento, agitó las orejas y resopló. Carmen le dio un beso en el hocico. Tony la acarició... él también la quería mucho.

Rosie sacó su larga lengua rosada y comenzó a lamerle los dedos al chico. Tony se echó a reír.

—Creo que te gusta la melaza incluso más que a mí —dijo.

Carmen comenzó a llamar a su papá.

—¿Papá? ¡Ya llegamos!

Por lo general, el papá de Rosie salía corriendo del fondo del establo y los recibía con un fuerte abrazo. Pero eso no fue lo que sucedió. Tampoco salió a recibirlos el Sr. Vita.

En lugar de ellos se apareció la Sra. Grasso, la mamá de Tony.

¿Y qué hacía la Sra. Grasso en el establo? ¿Quién estaba cuidando a las hermanitas de Tony y a su hermanito Frankie?

Entonces, Carmen notó la preocupación en el rostro de la mujer. Parecía realmente asustada.

El miedo se apoderó de la chica. ¿Le habría pasado algo al Sr. Grasso? ¿Se habría roto Frankie el brazo otra vez? ¿Habría mordido una rata a una de las niñas?

Un momento. ¿Por qué la Sra. Grasso la miraba fijamente? ¿Por qué tenía lágrimas en los ojos?

—Carmen, *mia cara*... mi niña —dijo, y le tomó las manos—. Lo siento mucho, pero tu papá está muy enfermo.

CAPÍTULO 5

Carmen se limpió las lágrimas mientras ella, Tony y la Sra. Grasso caminaban apresurados por las calles. La Sra. Grasso le había contado lo sucedido: su papá se había enfermado a la hora del almuerzo. El Sr. Vita lo llevó a la casa en una carreta.

—Ahora está acostado —dijo cuando pasaron frente a la panadería—. Ya vino el doctor. Dijo que tu padre tiene la nueva gripe.

La palabra *gripe* hizo que Carmen se sintiera más tranquila. La gripe no era una enfermedad letal como el tifus, la poliomielitis o la rabia. Ella misma había tenido gripe el año anterior, y aunque se había sentido mal y tuvo que guardar cama por unos días, en una semana se puso bien.

"Papá se pondrá bien, papá se pondrá bien", se repetía mientras sus botas repiqueteaban en las calles adoquinadas.

Además, a su alrededor todo se veía igual que siempre. Había niños jugando al escondite entre los carretones repletos de frutas y vegetales. Allí estaba la Sra. Ortelli conversando con sus clientes en la panadería. El gato gris tomaba el sol afuera de la sastrería, y los jamones y embutidos de la carnicería continuaban en el escaparate. También había una rata asomada entre un montón de basura.

Y, lo más importante, allí estaba Tony junto a ella.

Pero entonces, cuando se detuvieron en la esquina para cruzar la calle, alcanzó a ver otra cosa.

Allí estaba el chico que vendía los periódicos, el que ella y Tony habían visto antes. Carmen apenas le había prestado atención, pero ahora lo miró fijamente mientras agitaba el periódico de la tarde frente a los transeúntes apresurados. De repente, sus palabras cobraron sentido.

—¡LA GRIPE MORTAL HA LLEGADO A BOSTON!

Prácticamente subió volando la estrecha escalera que conducía al apartamento. Le pasó por al lado al Sr. Vita, que estaba en el dormitorio que ella compartía con su papá.

Otra vecina, la Sra. Perelli, estaba arrodillada junto a la cama. Pero ese hombre que yacía en la cama... no podía ser su padre.

Parecía un fantasma tembloroso, terriblemente pálido y con los labios azules. Los dientes le castañeaban, a pesar de que tenía un montón de mantas encima.

—¿Papá? —carraspeó Carmen, dejándose caer de rodillas.

Su padre abrió los ojos, y la máscara fantasmal desapareció durante unos segundos.

—*Mia ragazza* —dijo. Mi niña.

Carmen se sentó, parpadeó para que no se le salieran las lágrimas, y esbozó una sonrisa. Ella lo animaría, al igual que animó a Tony.

—Papá —dijo con voz temblorosa—. Saqué... saqué cien puntos en el examen de Matemáticas...

Pero su papá había vuelto a cerrar los ojos.

Carmen le agarró la mano. ¡Estaba tan caliente! Como si su sangre estuviera hirviendo, como si sus huesos estuvieran en llamas.

Acercó una silla desvencijada a la cama y se sentó.

—Estoy aquí, papá —dijo—. Estoy aquí.

Las horas pasaron y el sol se puso. El papá de Carmen no paraba de moverse y murmurar entre sueños.

Entonces llegó la tos, una tos seca que no se parecía a nada que Carmen hubiese escuchado antes. Era como si diminutas bombitas estallaran en los pulmones de su padre.

La Sra. Perelli y la Sra. Grasso le pasaron una

esponja por la cara y los brazos al enfermo para refrescarlo. Le dieron medicamentos por la boca.

Pero la fiebre aumentó.

La tos empeoró.

Carmen seguía sentada en la silla, sin soltarle la mano a su papá.

Recordaba una y otra vez la inundación después del terremoto, cuando ella se aferró a su espalda en medio del agitado mar.

Nonna le había contado la historia muchas veces.

—Ese día me levanté temprano —comenzaba diciendo—, porque esa cabra traviesa se había vuelto a escapar. Acababa de llegar a la cima de la loma cuando la tierra comenzó a temblar. El terremoto duró apenas cuarenta segundos, pero me parecieron años.

En cuanto paró de temblar, su abuela corrió loma abajo hacia la casa. El techo se había caído, pero su mamá, su papá y ella se habían salvado.

—Pensábamos que lo peor había pasado, pero estábamos equivocados.

El terremoto había provocado que la marea se elevase. Olas de veinte pies de altura inundaron el pueblo.

—Tu papá te agarró y salió corriendo —continuaba contando Nonna—, pero nadie podía escapar del mar.

A Nonna siempre le brillaban los ojos cuando llegaba a esta parte de la historia.

—El mar fue implacable, pero tu papá pudo más que él.

Había agarrado una persiana de una casa destruida, se había subido encima de ella y le había dicho a la niña que se sujetara bien.

El agua subió y subió, y la familia quedó separada.

Carmen y su papá flotaron sobre la persiana durante horas.

Y esta era la parte que se le había grabado en la mente a la chica para siempre, especialmente las palabras que su papá le había dicho.

—Aguanta.

Carmen se inclinó hacia su papá y habló muy cerca de la frente cubierta de sudor.

—Aguanta, papá —susurró—. Por favor, aguanta.

Le apretó la mano.

Se aferró a ella con más fuerza que aquel día en que se aferró a él en medio de la inundación.

Se aferró a ella con más fuerza que nunca. Se aferró a ella incluso después de que su papá dejara de respirar.

Incluso después de que el doctor le tapara la cara con una sábana blanca.

Incluso cuando la mano se enfrió, y ella se dio cuenta de que algunas cosas se van para siempre, sin importar cuanto uno se aferre a ellas.

No fue hasta mucho después, cuando ya había amanecido, que finalmente la soltó.

CAPÍTULO 6

CASI CUATRO MESES DESPUÉS

15 DE ENERO DE 1919

7:30 A.M.

Carmen estaba despierta, pero tenía los ojos cerrados.

Las mañanas eran siempre lo más difícil. Finalmente abrió los ojos y respiró profundo varias veces. En la mente escuchó la voz de su papá como cada mañana.

"Buongiorno, mia ragazza". Buenos días, mi niña.

—Buenos días —susurró Carmen.

—¡Hola, Carmi! —dijo una vocecita.

Carmen miró hacia a un lado, y dos ojitos soñolientos la miraron.

Era la pequeña Teresa, la hermana de tres años de Tony.

—Vuélvete a dormir —le dijo Carmen con una sonrisa—. Todavía es temprano.

Teresa le regaló una sonrisa a la que le faltaba un diente y cerró los ojos.

Al otro lado de la cama, la otra hermanita de Tony, Marie, estaba acurrucada bajo una manta raída. Carmen se le acercó y la arropó bien.

Un ronquido se elevó desde el suelo. Era el hermano de seis años de Tony, Frankie; ¡era pequeñito como un frijol, pero roncaba como un gigante! Él y Tony dormían en un colchón en una esquina de la habitación.

Al otro lado del cuarto, la cortina que ocultaba a los señores Grasso mientras dormían ya estaba levantada. Carmen podía oírlos conversando en la cocina.

Esta era ahora su casa, la casa de la familia Grasso, un apartamento de dos habitaciones. Llevaba viviendo con ellos desde la noche en que murió su papá, cuando el Sr. Grasso la llevó arriba y la metió en la cama con sus dos hijas. Ahora eran siete las personas que vivían en este apartamento, amontonadas como tomates en un frasco. El ruido era constante: las risas de las niñas, el rebote de la pelota de Frankie, la risa estridente del Sr. Grasso.

¡Y las peleas!

—¡Frankie me mordió!

—¡Marie mojó la cama!

—¡Teresa se está comiendo una cucaracha!

¡No le extrañaba que Tony no pudiera estudiar!

Pero ella sabía lo afortunada que era de vivir con una familia que la trataba como si fuera un miembro más.

Carmen miró a Tony, que estaba profundamente dormido. La baba le corría por la comisura de los labios. Apenas se había alejado de ella desde que su papá murió. Incluso había empezado a leer *El maravilloso mago de Oz* en voz alta a la hora de dormir.

—Hace que las niñas se duerman —le dijo.

Pero ella pensaba que lo hacía para animarla. De alguna manera Tony presentía que escuchar la historia de Dorothy hacía que ella se sintiera mejor, como si no fuera la única niña completamente perdida.

Peor que perdida. Por momentos sentía que el corazón se le desmoronaba como la torre de la iglesia de su pueblo.

Pero entonces, Tony se le acercaba y le decía una de sus bromas. Frankie venía corriendo para mostrarle una tarjeta nueva de béisbol. Las niñas se le subían al regazo. O la Sra. Grasso le pedía que revolviera la salsa de tomate. Con tantos niños alrededor, siempre había mucho que hacer.

Carmen trataba de ayudar a la Sra. Grasso lo más posible.

Lo cual era lo que debía hacer ahora mismo, en lugar de seguir en la cama.

La chica se vistió rápidamente y se asomó a la ventana de la habitación mientras se peinaba.

Por supuesto, su mirada se dirigió directamente hacia el horrible tanque de melaza que se elevaba en la distancia. Era imposible *no* verlo.

Además de que ahora el tanque le recordaba el día en que su papá se enfermó. Recordaba el ruido extraño que había hecho, como ella y Tony habían salido corriendo y como se habían reído después a carcajadas.

La asombraba lo despreocupada que se sentía aquel hermoso día de septiembre. No tenía ni idea de que su papá estaba enfermo, que la gripe española había arribado a Boston y que muy pronto todos ellos se encontrarían viviendo en medio de una de las pandemias más letales de la historia.

La epidemia se extendió a través de Boston y por todo el país... hasta llegar a afectar el mundo entero. Hasta el momento, decenas de millones de personas habían muerto. El Sr. Lawrence les había dicho que era incluso más mortal que la peste negra, una pandemia que azotó a Europa en la época de los caballeros.

En Boston, los hospitales se quedaron sin camas. Se cerraron las escuelas, los teatros y los cines con el fin de frenar la propagación de la gripe. Pero eso no sirvió de mucho. Los cuerpos se amontonaban en las calles, ya que no había suficientes sepultureros para enterrar a los cientos de personas que morían cada semana.

Carmen no era la única niña de la escuela que había perdido a uno de sus padres. Algunos habían perdido padre y madre, y también hermanos y hermanas.

Habían cambiado tanto las cosas desde que ella y Tony se pararon a la sombra del gran tanque de melaza.

Sin embargo, el tanque no había cambiado nada. Seguía siendo enorme y feo y continuaba goteando.

La chica se sentó en el borde de la cama para abrocharse las botas nuevas. Los Grasso se las habían regalado por Navidad. Sus antiguas botas le quedaban tan pequeñas que las uñas se le habían puesto negras. Carmen se levantó y movió los dedos de los pies agradecida. Pensó que ayudaría a la Sra. Grasso a preparar el desayuno, para luego ir a la escuela con Tony y Frankie.

Caminó de puntillas en dirección a la puerta de la cocina y escuchó a los señores Grasso conversando mientras tomaban café.

—Carmen es una joya —decía la Sra. Grasso—. Los niños la adoran.

¿Hablaban de ella? Se acercó a la puerta para escuchar mejor.

—Estoy seguro de eso —dijo el Sr. Grasso.

Carmen se sonrojó y sonrió ligeramente.

—¿Cuándo se lo vamos a decir? —preguntó el Sr. Grasso.

—El barco no sale hasta dentro de una semana —respondió la Sra. Grasso—. No hay necesidad de preocuparla todavía.

Carmen se quedó de piedra.

¿Barco? ¿Preocupación?

—Es un viaje muy largo —dijo el Sr. Grasso—. Va a ser difícil para ella. La vida en Italia es muy diferente a la vida aquí.

Carmen sintió que se le erizaban los pelos de la nuca.

—Ya lo sé —dijo la Sra. Grasso—. Pero es lo mejor. Volverán a estar juntas.

Carmen dio un paso atrás, y de pronto sintió que no podía respirar.

Le pareció que la habitación giraba cuando comprendió el significado de lo que acababa de escuchar.

La enviaban de vuelta a Italia.

CAPÍTULO 7

Carmen estaba paralizada y apenas podía respirar.

Tony la llamó entre bostezos.

—Oye, Carmen. ¿Quieres ser una estatua o algo parecido?

Todos los niños se habían despertado. Cuatro pares de ojos estaban posados sobre ella.

—¡La Bruja Mala del Oeste la hechizó! —dijo Frankie.

Los niños se rieron, y Carmen se dio cuenta de que esperaban que ella hiciera lo mismo.

Pero no podía reírse.

Empujó la puerta de la cocina. Necesitaba salir del apartamento antes de echarse a llorar. Iría al establo. El Sr. Vita estaba en Connecticut, visitando a sus primos. Podría llevar a Rosie al parque, y así no tendría que darle explicaciones a nadie.

Entró a trompicones en la cocina y se dirigió directamente al perchero de los abrigos. La Sra. Grasso se levantó.

—¿Carmen? ¿Te sientes bien?

—Sí, pero... Me voy a la escuela —mintió, tratando de mantener firme la voz. Se puso el abrigo—. El Sr. Lawrence quiere que lo ayude...

—¿Tan temprano? —le preguntó la Sra. Grasso—. Apenas son las siete.

Pero la chica ya estaba en el pasillo e ignoró las voces que la llamaban.

Bajó las escaleras volando y salió por la puerta principal.

Su mente era un torbellino.

¿Cómo podían enviarla de vuelta?

Esto no podía ser idea de Nonna, ¿verdad? Se escribían constantemente, y ella no había mencionado nada. Los Grasso sabían lo mucho que extrañaba a su abuela. ¿Pensarían que *quería* regresar a Italia?

De algún modo, se las arregló para llegar al establo. Saludó con la mano al Sr. Pallo, el hombre amable que cuidaba los caballos mientras el Sr. Vita no estaba, y se apresuró a llegar al compartimento de Rosie. No se molestó en ensillarla. Se montó sobre la yegua y chasqueó la lengua. Rosie sabía lo que eso significaba.

Se dirigieron al parque junto al puerto. Normalmente la tranquilizaba el repiqueteo de las herraduras de Rosie sobre los adoquines, pero hoy cada pisada le parecía un martillo que le golpeaba el corazón.

Clop, clop. Se imaginó despidiéndose del Sr. Vita.

Clop, clop. Despidiéndose de la Sra. Grasso.

Clop, clop. Despidiéndose de Tony.

Acarició la melena de Rosie.

¿Quién la montaría después de que ella se fuera?

Cuando llegaron al parque, tenía el corazón destrozado.

Miró los barcos y recordó el día en que su padre y ella llegaron al puerto de Boston. ¡Su papá estaba tan emocionado!

—Todo es posible en Estados Unidos —decía—.

Si se trabaja duro, una persona puede lograr lo que se proponga.

Sin embargo, en el sur de Italia no se podía lograr absolutamente nada, a no ser que fueras muy rico. Su papá apenas había ganado dinero trabajando como un simple campesino. Allí todos los hombres eran campesinos o pescadores. ¿Y las chicas? Las chicas se casaban y tenían hijos.

Ella deseaba tener su propia familia algún día, pero no quería que esa fuera su única ocupación.

Quizás podría llegar a ser maestra, como el Sr. Lawrence; o enfermera, para ayudar a los enfermos; o podría incluso escribir un libro como *El maravilloso Mago de Oz*.

Nunca lograría hacer ninguna de esas cosas en Italia. Ni siquiera había una escuela en el pueblo.

Rosie se detuvo cerca de los juegos del parque, como si supiera que Carmen necesitaba un descanso. La chica se bajó de la yegua y enterró la cabeza en la melena blanca de Rosie, sin quitarle los ojos de encima a sus botas nuevas.

De repente, sintió que le hervía la sangre.

No estaba enfadada con los Grasso, no después de todo lo que habían hecho por ella. Estaba enfadada consigo misma. Todo este tiempo se había dejado llevar por el cariño que le habían brindado, pero al fin y al cabo, el matrimonio tenía cuatro hijos. El Sr. Grasso trabajaba en la construcción y probablemente no ganara más de treinta dólares a la semana.

¡Debió haber comido menos! Debió haber buscado trabajo en una fábrica o haber comenzado a trabajar de criada para una de las familias ricas de otro barrio, y de ninguna manera debió haber aceptado las botas nuevas.

Pateó la tierra tan fuerte que Rosie relinchó.

—Lo siento —dijo, acariciando la frente de la yegua.

Comenzó a pasearse de un lado a otro, tratando de aclarar sus pensamientos.

La escuela comenzaría pronto, pero decidió que por primera vez faltaría a clases. ¿De qué le servían las clases de Matemáticas u Ortografía si tenía que regresar a Italia? Allí solo tendría que contar cabras y plantas de tomate, y no volvería a hablar inglés.

Se quedó parada pensando por un tiempo interminable, hasta que se sintió tan cansada que tuvo que sentarse. Eligió hacerlo bajo un árbol, para poder contemplar los barcos en el puerto; y una vez más se acordó de su papá.

El sueño de su padre era venir a Estados Unidos, pero ahora que él ya no estaba, la vida que habían construido juntos también había desaparecido.

Tal vez los Grasso tenían razón. Quizás era el momento de volver a Italia, a su antigua vida, donde podía estar con Nonna.

Carmen se recostó al árbol. Se imaginó los brazos de su abuela a su alrededor. Entonces cerró los ojos y se durmió a pesar de la intranquilidad que sentía.

CAPÍTULO 8

TRES HORAS DESPUÉS
ALREDEDOR DEL MEDIODÍA
FRENTE AL MAR
NORTH END, BOSTON

Carmen abrió los ojos de golpe y se paró.

Pensó que se había quedado dormida uno o dos minutos, pero entonces se dio cuenta de que el sol estaba en lo alto y hacía menos frío. Se desabrochó el abrigo y miró a su alrededor. Había hombres almorzando en los bancos del parque.

¡Debía de ser pasado el mediodía!

No podía creer que hubiera dormido tanto tiempo.

Todos debían de estar preocupados por ella. Tenía que regresar al apartamento o quizás debía ir a la escuela. Quizás...

Entonces sintió como el mundo se le venía abajo.

¿Dónde estaba Rosie?

Se dio la vuelta, pero la yegua no se veía por ninguna parte.

¡Qué tonta! No había atado a Rosie, y ahora...

¿Qué tal si andaba por las calles y la atropellaba un automóvil? Ese tipo de accidentes ocurrían constantemente.

Antes de que se diera cuenta, había echado a correr, llamando a la yegua.

Corrió hasta el establo. Entró como una loca y fue hasta el compartimento de Rosie, pero la yegua no estaba ahí.

—Piensa, Carmen, piensa —se dijo a sí misma, y volvió a salir corriendo.

Rosie era inteligente. ¿A dónde se iría?

La chica se detuvo por un momento y miró a su alrededor. Siempre había muchísima gente cerca del puerto, incluso más que en las calles de su barrio. Había hombres caminando por todas partes y camiones y carretas repiqueteando en la calle.

Comenzó a correr hacia un cobertizo cercano cuando se dio cuenta de que se le aguaban los ojos y la nariz le ardía. ¿Qué era ese olor dulzón?

"La melaza", pensó.

El olor era más fuerte que nunca. Incluso lo sentía en la garganta. Se dio la vuelta para mirar hacia el tanque que estaba justo detrás de ella, y el corazón le dio un vuelco.

—¡Rosie!

La yegua estaba junto al tanque, comiendo sirope.

Carmen casi se echa a llorar del alivio al llegar junto a ella.

¡Qué yegua tan inteligente! La chica recordó

como Rosie había probado la melaza en los dedos de Tony. Debió olerla y seguirle el rastro hasta el tanque.

—¿Así que querías merendar? —le preguntó al animal, y le acarició la cabeza.

La yegua se relamió los labios pegajosos. Tenía los bigotes llenos de melaza.

—Y supongo que estás guardando un poco para más tarde —dijo Carmen.

Se sacó un pañuelo del bolsillo y comenzó a limpiarle el hocico a la yegua. Fue entonces cuando lo escuchó.

GROAR gro gro gro gro GROAR gro, gro, gro, gro...

Ignoró los extraños ruidos. Sabía que era la melaza hirviendo dentro del tanque.

Y entonces escuchó una voz familiar.

—¡Carmen!

¡Era Tony! Venía corriendo hacia ella desde donde se encontraba el establo.

La chica se subió a Rosie y chasqueó la lengua. Trotaron al encuentro de Tony, alejándose del tanque. El chico tenía la cara colorada y el pelo húmedo de sudor.

—¿Dónde te metiste? —preguntó, con la voz entrecortada—. ¡Te hemos buscado por todas partes!

Se veía tan preocupado. Carmen se dio cuenta de que había estado llorando. Se inclinó hacia un lado y le tomó la mano.

—Disculpa —dijo ella—. Yo...

No sabía qué decir. Se sentía mal por haber desaparecido de esa manera, pero ¿sabría Tony que querían enviarla de regreso a Italia? ¿Acaso sabía que en una semana se marcharía y nunca más se volverían a ver?

Sintió un temblor en todo el cuerpo solo de pensar que tendría que despedirse de él y de todos los demás.

Pero, un momento. No era ella quien temblaba. Tampoco era Rosie. Era la tierra.

Y esta vez estaba totalmente segura de que se trataba de un terremoto. Se aferró fuertemente al cuello de Rosie, y la yegua resopló y pataleó nerviosa.

—¿Qué pasa? —preguntó Tony.

Un hombre asaltado por el pánico respondió a gritos muy cerca de ellos.

—¡Es el tanque!

CAPÍTULO 9

GROAR gro gro gro gro GROAR gro, gro, gro, gro...

El ruido se hizo cada vez más fuerte, hasta ahogar los bocinazos y los ruidos de la concurrida Commercial Street.

Pero no fueron los gruñidos los que espantaron a Carmen.

El tanque se balanceaba de un lado a otro. Sus lados se doblaban hacia dentro y hacia fuera.

El metal gimió y chirrió.

Y luego...

¡Bang! ¡Bang! ¡Bang! ¡Bang! ¡Bang!

Algo pequeño aterrizó en el suelo, a unas pulgadas de las botas de Tony.

Carmen se quedó mirándolo. Era un tornillo de metal del tamaño de un dedo y estaba cubierto de sirope marrón.

—¡Es un remache! —gritó.

Se trataba de los remaches que se habían utilizado para armar y sujetar el tanque. Había miles de ellos, y ahora parecían salir volando todos a la vez.

¡Bang! ¡Bang! ¡Bang! ¡Bang! ¡Bang!

Atravesaban el aire como si fueran balas.

Bang, bang, bang, bang. Bang, bang, bang, bang.

Rosie relinchó.

¡Tenían que salir de aquí!

—¡Tony! —gritó Carmen, y le ofreció una mano al chico para que se subiera también a la yegua—. Sube. ¡Vamos!

Pero justo en ese momento un remache pasó silbando y le dio a Rosie en el cuello. La yegua relinchó y se paró en dos patas mientras la sangre le brotaba por la herida. Carmen cayó al suelo. Antes de que pudiera levantarse, Rosie se había marchado galopando.

—¡Rosie! —gritó la chica.

Tony voló a su lado.

—¿Estás bien? ¿Estás herida?

Pero Carmen no tuvo tiempo de responder.

¡Catapum!

El tanque explotó. Pedazos de metal de todos los tamaños volaron por el aire.

Por un instante, la melaza que había en el interior del tanque de acero pareció flotar como una enorme nube turbulenta. Luego se estrelló contra el suelo, provocando una ola gigantesca.

Carmen sintió que el olor nauseabundo de la melaza le subía por la nariz y le bajaba por la garganta, hasta llegarle a las mismísimas entrañas. Los gritos de terror retumbaban en sus oídos, gritos en inglés y en italiano.

—¡Socorro!

—¡Corran!

—¡Fuera de aquí!

No pudo evitar mirar hacia atrás mientras ella y Tony corrían por sus vidas. No podía creer lo que veía. La ola de melaza tenía al menos veinte pies de altura y se desplazaba en todas las direcciones. Con cada segundo que pasaba, devoraba más y más terreno.

Se estrelló contra los edificios, haciéndolos pedazos. Arrastró cobertizos y carretas, caballos y hombres. El rugido se hizo más fuerte a medida que arrastraba más y más escombros.

Carmen y Tony corrieron tan rápido como pudieron, pero la ola era más rápida que ellos.

En cuestión de segundos, los atrapó.

CAPÍTULO 10

¿Fue así como se sintió su papá cuando el maremoto barrió su pueblo, cuando el agua los arrastró hacia el mar?

"No", pensó Carmen.

Porque esta ola no era de agua. Estaba compuesta por una sustancia espesa y pegajosa que parecía estar viva cuando le rodeaba las piernas. Carmen había leído sobre una especie de serpiente que se enrollaba alrededor de su presa, asfixiándola hasta matarla. Ahora sentía como si mil serpientes se enrollaran alrededor de su cuerpo, tratando de hundirla.

Carmen y Tony se miraron.

¿Qué debían hacer?

¿Qué *podían* hacer?

Era imposible correr. Cada paso era una batalla contra la sustancia pegajosa que subía más y más.

Hasta la cintura. Hasta el pecho.

Carmen tenía la ropa empapada y estaba cubierta de melaza por todas partes. Además, la sustancia había comenzado a endurecerse a su alrededor, atrapándola en una especie de caparazón.

Ahora le llegaba hasta la barbilla y le salpicaba la boca. Podía sentir su sabor nauseabundo, dulce y amargo. Le recordaba cosas podridas como la basura dejada al sol, con moscas encima y llena de ratas. Entonces sintió un retortijón de estómago y pensó que iba a vomitar ahí mismo.

Los chicos miraron desesperadamente a su alrededor, pero todas las personas que estaban cerca se encontraban en su misma situación. Nadie podría ayudarlos.

Carmen pensó de nuevo en su papá, en como

había encontrado la persiana y se había subido a ella. Eso era lo que necesitaban, algo a lo que aferrarse para no hundirse.

Y justo entonces lo vio: era un trasto grande de madera, una carreta de caballos.

—¡Tony! ¡Agárrate! —gritó.

No tenían ni un segundo que perder. La chica necesitó de todas sus fuerzas para impulsarse a través de la melaza. Se subió a la carreta y la mitad de su cuerpo quedó afuera del sirope. Tony se agarró de un costado, pero antes de que pudiera subirse perdió el agarre.

Carmen se sujetó bien con una mano, se inclinó y con la otra mano se las arregló para agarrar el brazo del chico. Necesitó hasta la última gota de fuerza para halarlo fuera de la melaza. Tony echó los brazos por encima de la rueda de la carreta, se aferró a ella y se subió.

La carreta se balanceaba y se movía en medio del mar de melaza. A su alrededor se escuchaba todo tipo de ruidos: gritos de terror, gemidos de

dolor, chirridos de metal. Carmen tenía la cara cubierta de melaza, como una máscara que le picaba y le ardía.

Ella y Tony se acurrucaron juntos, demasiado aterrorizados para hablar.

Todo lo que podían hacer era contemplar la escena.

Ahora Carmen sabía cómo se se había sentido Dorothy cuando la arrastró el tornado y la soltó en la extraña tierra de Oz.

Excepto que Oz era un lugar mágico de colores brillantes y con hermosas ciudades.

El lugar donde ella se encontraba era una pesadilla, un páramo lleno de escombros cubiertos de sirope marrón. La destrucción le recordó las fotos que había visto en los periódicos de los campos de batalla en Europa, las ciudades y los bosques de Francia y Bélgica convertidos en ruinas carbonizadas.

Carretas, automóviles y partes de edificios se arremolinaban a su alrededor.

Y personas.

Un hombre con el hombro ensangrentado se aferraba a un barril. Otro luchaba salvajemente por mantener la cabeza por encima de la superficie. Una mujer flotaba boca abajo, inmóvil.

¿Cuántas personas habían sido afectadas por la inundación?

¿Docenas? ¿Cientos?

¿Estaría a salvo la familia de Tony? ¿Y el Sr. Lawrence y los niños de la escuela?

¿Estaría bien Rosie?

Carmen se acercó más a su amigo.

Y fue entonces cuando escuchó el grito.

—¡Cuidado!

Un pedazo gigante del tanque se estrelló contra la carreta, casi volcándola.

Tony consiguió sujetarse, pero Carmen se resbaló.

—¡Carmen!

La voz del chico fue lo último que escuchó mientras la melaza se la tragaba entera.

CAPÍTULO 11

Carmen movía desesperadamente las piernas y los brazos. Estiró el cuello para intentar sacar la cabeza por encima de la superficie, pero la melaza parecía arena movediza. Cuanto más se movía ella, más se hundía. Bajo la superficie, unas garras de metal se le clavaron en la pierna. Sintió como la sangre le salía a borbotones y se mezclaba con el río que la arrastraba.

Se dio cuenta de que era inútil luchar. La melaza era mucho más fuerte que ella. ¿Cómo pensó que podía salvarse?

La fuerza de la inundación la empujó hacia delante y dio una voltereta en el sirope pegajoso. Se atragantó y tosió, luchando por respirar, a pesar de tener la nariz y la boca obstruidas por la melaza.

No, no podía luchar contra esto. Era imposible.

Muy pronto la rodeó la oscuridad y el dolor.

Hasta que una voz, que solo fue un susurro al principio, irrumpió en su mente.

Aguanta.

Y después más fuerte.

¡Aguanta!

¿Papá? ¿Estaba aquí con ella?

No. Era solo su voz, llamándola. Le estaba diciendo lo que tenía que hacer. Pero esta vez Carmen estaba sola en medio de la inundación. Dependía de ella sola lograr mantenerse a flote.

Y no se rendiría. No sin antes luchar.

De alguna manera logró enderezar el cuerpo. Se dejó hundir hasta que sus pies tocaron el suelo. Entonces se impulsó a través del sirope y pudo sacar la cabeza a la superficie. Consiguió respirar antes de volver a hundirse.

Aguanta.

Bajó y subió, bajó y subió, una y otra vez.

La cuarta vez que subió, consiguió abrir los ojos durante unos segundos. El tiempo suficiente para ver una caja de madera que flotaba a su lado. El tiempo suficiente para alcanzarla y rodearla con los brazos.

Se aferró a ella.

Como ya lo había hecho antes.

Como papá le había enseñado.

La pierna continuaba sangrándole, y sintió que el corazón se le desaceleraba. El mundo se volvió borroso y los sonidos se desvanecieron.

Sin embargo, no soltó la caja.

No la soltó hasta que los hombres la encontraron junto a una casa destrozada y le apartaron los brazos.

Le limpiaron la melaza de la nariz y la

levantaron. Las sirenas se escuchaban a lo lejos. Las voces la llamaban, pero ella se sentía muy lejos de North End.

En su mente, estaba con su papá.

Y no quería abandonarlo.

22 Pages Today

The Boston Post

EXTRA

THURSDAY, JANUARY 16, 1919

HUGE MOLASSES TANK EXPLODES IN NORTH END; 11 DEAD, 50 HURT

Giant Wave of 2,300,000 Gallons of Molasses, 50 Feet High, Sweeps Everything Before It—100 Men, Women and Children Caught in Sticky Stream—Buildings, Vehicles and L Structure Crushed

35 STATES ON DRY LAW LIST

Amendment Ratified by Five Yesterday—One More Needed—Predict Nation Dry July 1

SECRECY IN PEACE CONGRESS

France, Italy and Japan Outvote U. S. and Britain

NORTH END PARK PLAYGROUND

Search for More Victims During the Night

No Escape From Gigantic Wave of Fluid

INTERNAL EXPLOSION WAS CAUSE, SAYS STATE CHEMIST

BOY'S STORY AID TO MRS. LEBAUDY

Messenger Left Mansion Before the Shooting—Life in Danger

KNOWN DEAD

MRS. BRIDGET CLOUGHERTY, 6 Copp's Hill terrace, North End.
WILLIAM A. DUFFEY, 67 Brighton street, West End.
ENGINEER GEORGE LAHEY, Engine 31, B. F. D., 401 Saratoga street, East Boston.
JAMES LENNON, 87 Brook avenue, Roxbury. Employee Public Works Department.
JOHN SEIBERLICH, 22 Fulda street, Roxbury. Employee Public Works Department.
PETER FRANCIS, 49 Monument street, Charlestown, employee Public Works Department.
JAMES J. KENNEALLY, 260 Bolton street, South Boston, employee Public Works Department.
THOMAS NOONAN.
MICHAEL SINNOTT, 78, 70 Bernard street, Dorchester.
WILLIAM BROGAN, 167 Webster street, East Boston.

UNIDENTIFIED DEAD

Girl about 14 years of age.

SERIOUSLY INJURED

JOHN J. NOONE, 19, 41 Lawrence street, Charlestown.
ANTONIO DI STAZIO, 118 Charter street, North End.
OWEN GORMAN, 88 Tremont street, Charlestown.

INJURED

JOSEPH BARRY, 9 Flen street, South End. City Hospital.
SAMUEL BLAIR, 4 Anderson street, West End. Haymarket Relief Station.
CHARLES BOWER, U. S. S. Sterling, Navy Yard, Charlestown.
NATHANIEL BOWERING, Engine 31, B. F. D., 58 Decatur street, Charlestown.
PATRICK BREEN, 43 Fayette street, South End. Employee Public Works Department. Haymarket Relief Station.
CHARLES J. CASEY, 87 Dacia street, Roxbury. City Hospital.

Read After-the-War News

News of North End disaster on pages 6, 14, 15 and 16

Primera plana del periódico el día después de la inundación de melaza. Algunos datos son incorrectos porque todavía se desconocían muchos detalles del desastre.

CAPÍTULO 12

TRES DÍAS DESPUÉS

18 DE ENERO DE 1919

ALREDEDOR DE LAS 7:00 A.M.

HOSPITAL DE LA CIUDAD DE BOSTON

—¿Hola? ¿Estás despierta?

Carmen abrió los ojos.

Una mujer le sujetaba la mano.

¿Acaso era la Sra. Grasso?

No. Era una mujer muy joven, con pecas y pelirroja. Llevaba una gorra blanca.

"Una enfermera", pensó Carmen.

—Hola, cariño —dijo la enfermera, provocándole un cosquilleo en el oído a la chica con su acento irlandés—. Sabía que te despertarías.

Carmen miró a su alrededor.

Había una cortina rosada alrededor de su cama. Se hallaba en un hospital.

Trató de sentarse, pero le dolía la pierna. Respiró profundo.

—No te muevas demasiado —dijo la joven enfermera—. Tienes una herida grande en la pierna. Perdiste mucha sangre, pero los doctores te cosieron y muy pronto andarás por ahí corriendo.

—¿Cuánto tiempo llevo aquí? —preguntó la chica con voz áspera.

La enfermera arregló la almohada de Carmen y le alisó la sábana.

—Tres días.

¿Tres días?

¿Cómo era posible?

Se mantuvo acostada mientras la enfermera le tomaba el pulso.

—Estás bien —dijo la mujer—, comparada con otros. ¿Quién habría pensado que un tanque de melaza podría explotar así? Todo el puerto está patas arriba. Tomará meses limpiar el desastre.

Carmen comenzó a recordar poco a poco.

La explosión del tanque. El río de melaza. Los cuerpos flotando.

Se sentó y jadeó.

—¡Tony! —soltó.

¿Qué había sido de Tony?

—¿Quién? —preguntó la enfermera.

—Mi amigo, mi mejor amigo.

Justo entonces, alguien llamó del otro lado de la sala.

—¡Enfermera! ¡La necesitamos aquí!

—No te preocupes, mi amor. Descansa ahora. Volveré más tarde —dijo la mujer, y desapareció a través de las cortinas, dejándola sola.

Pero no estuvo sola por mucho tiempo.

Carmen los oyó antes de verlos.

—¡Quiero verla primero!

—¡No, yo!

—¡Me empujaste!

—¡No es cierto!

Unos pasitos apresurados cruzaron el suelo de baldosas. Las cortinas se abrieron de golpe, y los tres niños más pequeños de la familia Grasso se arremolinaron alrededor de su cama.

Todos la miraban fijamente. Tenía tres pares de ojos marrones posados en ella.

Frankie se echó a reír y levantó las manos.

—¡Está viva! —gritó.

Carmen se rio.

La Sra. Grasso se acercó corriendo detrás de ellos.

Miró a la chica y comenzó a llorar, pero enseguida una sonrisa apareció en su rostro lleno de lágrimas.

Carmen contuvo la respiración, temiendo recibir una mala noticia.

Y entonces, segundos después, apareció otra cara.

Maltratada. Rasguñada.

Pero sonriente.

Era Tony.

CAPÍTULO 13

Carmen se estaba recuperando, pero a los doctores les preocupaba la herida en la pierna. Le dijeron que tenía que permanecer en el hospital otra semana, pero ella estaba cansada de estar acostada en una cama. Aunque al menos no estaba sola.

La Sra. Grasso venía todos los días con un festín de pasta o lasaña.

La Sra. Ortelli le había traído cajas de *cannoli* rellenos de crema y *biscotti* crujientes, que ella compartió con las enfermeras.

Frankie le trajo sus tarjetas de béisbol.

Teresa y Marie se sentaban en su cama y le trenzaban el pelo una y otra vez.

El Sr. Lawrence le trajo libros.

Carmen extrañaba al Sr. Vita, que todavía no había vuelto de Connecticut, pero el Sr. Pallo pasó un día a verla.

—Tienes visita, aunque tiene que quedarse afuera —le dijo.

Ayudó a Carmen a levantarse de la cama y la acompañó hasta la ventana.

Allí, atada frente al pabellón, estaba Rosie.

—La encontramos cerca del establo, o lo que queda de él —dijo el Sr. Pallo.

El establo había sido destruido junto con la estación de bomberos y casi todos los edificios cerca del puerto. Carmen no se podía imaginar lo que eso representaría para el Sr. Vita, pero al menos sus caballos estaban a salvo; se hallaban lejos de North End cuando ocurrió la inundación. Ahora podía ver por sí misma que Rosie se encontraba bien.

—Ya está mejor de la herida en el cuello —dijo el Sr. Pallo.

Carmen abrió la ventana.

—¡Qué bueno verte, chica! —le gritó a Rosie, y la saludó con la mano.

La yegua alzó las orejas y relinchó alegremente.

A Carmen se le llenaron los ojos de lágrimas, no solo del alivio de ver a Rosie, sino porque se dio cuenta de que probablemente nunca más la volvería a montar. Se iría muy pronto del hospital y también se marcharía de Estados Unidos. Nadie le había mencionado el viaje a Italia, pero estaba segura de que muy pronto alguien lo haría. La Sra. Grasso probablemente ya había empacado su ropa.

Carmen cerró la ventana y trató de pensar en otra cosa. Debía concentrarse en su recuperación.

De todas las personas que venían a visitarla, era a Tony a quien más deseaba ver.

Tony le contó lo que pasó después de que se separaran. Estuvo encima de la carreta muy poco tiempo. Fue arrastrado hasta Commercial Street, donde el río de melaza se fue haciendo cada vez menos profundo. Logró bajarse de la carreta y se puso a andar aturdido.

—Fue horrible —le dijo con un hilo de voz y el rostro ensombrecido.

Los cuerpos retorcidos estaban tan cubiertos de melaza que no se podía distinguir si eran hombres o mujeres. Las personas gemían de dolor. Los caballos estaban heridos.

Había madres llamando a sus hijos y policías por todas partes.

Su mamá lo estaba buscando frenéticamente, pero lo encontró enseguida.

—Y entonces comenzamos a buscarte a ti —le dijo a Carmen, y el labio le tembló.

El Sr. Grasso había ido a preguntar por ella al puesto de socorro de Haymarket, un pequeño hospital cerca de North End. Ahí fue donde llevaron a los muertos.

La mayoría eran hombres que habían estado

trabajando cerca de la costa. Una mujer que vivía en una casa en Commercial Street. Dos niños de diez años que estaban cerca del tanque.

Pero no Carmen.

Más de 150 personas resultaron heridas. Fueron arrastradas por el río de melaza, quedaron atrapadas en los edificios afectados o fueron golpeadas por fragmentos de metal cuando el tanque explotó. Un hombre fue lanzado por los aires hasta el puerto de Boston. Había heridos en hospitales de toda la ciudad.

Pasaron tres días antes de que el Sr. Grasso finalmente la encontrara en el Hospital de la Ciudad de Boston, en South End.

Tony también le contó sobre lo que la compañía de melaza estaba diciendo acerca del accidente, y esto la dejó perpleja.

—Dicen que alguien puso una bomba en el tanque.

Carmen se sentó en la cama.

—¡Qué mentirosos! —exclamó, tan alto que

una enfermera la mandó a callar.

¡Simplemente no podía creerlo!

Todos en North End sabían por qué el tanque había explotado. Lo habían construido mal. Hasta los niños pequeños del barrio lo sabían. ¡El tanque goteaba desde el comienzo!

—No te preocupes —le dijo Tony—. Nadie les cree.

Carmen deseaba que Tony tuviera razón.

La última noche en el hospital, la chica apenas pudo dormir. Cada vez que se quedaba dormida, tenía una pesadilla. Revivía una y otra vez el momento en el que se cayó de la carreta, cuando comenzó a ahogarse en medio de la oscuridad pegajosa, cuando escuchó que su papá la llamaba.

Y ahora la voz de su padre volvía a irrumpir en su mente.

Aguanta. Aguanta. Aguanta.

¿Por qué seguía escuchando esas palabras? Se encontraba a salvo y nada podría arrastrarla.

Pero la voz de su papá se escuchaba cada vez más fuerte.

Aguanta. Aguanta.

¿Qué quería decirle? ¿A qué debía aferrarse?

En algún momento de la madrugada, Carmen se levantó de la cama y se acercó cojeando a la ventana. La luna brillaba y las luces de la calle resplandecían por toda la ciudad. Prácticamente podía ver todo el barrio de North End.

En alguna parte de ese barrio se hallaba la familia Grasso acurrucada: dos niñas bajo sus mantas raídas, dos niños durmiendo sobre un colchón en el suelo, dos padres en una cama al otro lado de la habitación.

Su escuela también estaba allí, esperando a que los estudiantes llegaran por la mañana. El Sr. Lawrence ya tendría sus clases preparadas.

Un sentimiento cálido le recorrió el cuerpo cuando se dio cuenta de lo que su papá trataba de decirle: "Aguanta, aférrate a tu vida en *l'America*".

A la vida que ellos habían construido juntos. A los amigos que habían hecho. A la escuela que tanto amaba.

Respiró profundamente y alzó barbilla.

—Ya sé, papá —dijo.

En ese momento supo que no... no podría volver a Italia.

Si los Grasso necesitaban ayuda para pagar su comida y su ropa, se buscaría un trabajo. Encontraría personas que la ayudasen, ya fuera la familia de Tony, o el Sr. Lawrence o los vecinos del barrio. Rosie también la ayudaría.

Carmen sabía que sería muy difícil estudiar y trabajar al mismo tiempo.

Su papá había dicho que todo era posible, pero eso no significaba que el camino fuese fácil.

Sabía que aguantaría. Pasara lo que pasara.

CAPÍTULO 14

AL DÍA SIGUIENTE

ALREDEDOR DE LAS 6:00 P.M.

EN EL APARTAMENTO DE LOS GRASSO

NORTH END

Carmen se sentó en una silla para ver como cocinaba la Sra. Grasso. Los niños no paraban de jugar. El aroma a ajo, tomate y queso derretido inundaba el apartamento. Todos estaban emocionados por la cena especial que la Sra. Grasso estaba preparando para celebrar la salida de Carmen del hospital. Lo mejor de todo era que el Sr. Vita los iba a acompañar; había venido de Connecticut. El Sr. Grasso había ido a buscarlo a la estación de tren.

—¿Cuándo viene el Sr. Vita con el regalo de Carmen? —preguntó Frankie.

Esta era la tercera vez que alguien mencionaba el regalo.

—¡Shhh! —dijo Tony, dándole un codazo a Frankie—. Es una sorpresa.

—¿Por qué no te callas tú? —dijo Frankie, y empujó a su hermano.

—¡Yo también quiero un regalo! —se quejó Teresa.

—¡Y yo! —dijo Marie.

La Sra. Grasso alzó la vista de la olla.

—*¡Basta!* —soltó—. Tony, por favor, llévalos al dormitorio. Asegúrate de que las camas estén hechas.

—Pero, mamá...

—¡Acaba de ir! —dijo la Sra. Grasso.

Tony miró a Carmen, que se encogió de

hombros. A la chica le hubiese gustado ayudarlo con los niños, pero el doctor le había dicho que debía hacer reposo. La Sra. Grasso le ordenó quedarse en la silla.

Tony llevó a los niños al dormitorio. Una vez que la puerta de la cocina se cerró, la Sra. Grasso le sonrió a Carmen aliviada.

—¡Un poco de paz! —dijo.

Carmen le devolvió la sonrisa.

"Díselo ahora", pensó. Por fin estaban a solas. Esta era su oportunidad para decirle que no pensaba volver a Italia.

Carmen se aclaró la garganta. Temía que la Sra. Grasso se enfadara, que no la comprendiera, pero de todos modos tenía que decírselo.

—Sra. Grasso —dijo—, necesito hablar con usted...

—Sí, cariño —respondió la mujer.

Carmen respiró profundo, y luego soltó lo que tenía por dentro.

—Sé que su plan es mandarme a Italia.

La Sra. Grasso la miró sorprendida.

Carmen tragó en seco, pero se mantuvo firme.

—Lo siento pero... —dijo—. Escuché por casualidad cuando usted y el Sr. Grasso hablaban del viaje. Sé que quieren que regrese a Italia para que esté con Nonna.

—Carmen...

—Lo siento, pero he tomado una decisión —dijo la chica, y se irguió en la silla—. Quiero quedarme aquí.

Ya. Lo había dicho todo.

La Sra. Grasso se acercó a ella y se agachó para poder mirarla a los ojos.

—Carmen —dijo—. Nunca pensamos enviarte a Italia.

—Pero los escuché decir...

Unos pasos en la escalera y la voz del Sr. Grasso diciéndole a alguien que habían llegado interrumpieron la conversación.

La puerta de la cocina se abrió de golpe, y los niños entraron.

Carmen y la Sra. Grasso tendrían que continuar hablando en otro momento.

Tony se acercó a Carmen y le sonrió. Parecía estar a punto de estallar de la emoción.

—¡Ya casi están aquí! —gritó Frankie.

Las niñas saltaban de un lado a otro.

¿Qué estaba pasando? Carmen sabía que el Sr. Vita le caía bien a los niños, pero cualquiera pensaría que Babe Ruth y el equipo de los Red Sox venían a cenar.

La puerta del apartamento se abrió de golpe.

El Sr. Grasso entró, seguido del Sr. Vita.

La habitación se quedó en silencio, pero el ambiente estaba lleno de expectativa. Carmen se dio cuenta de que nadie miraba al Sr. Vita. Todos la miraban a *ella*.

Y entonces alguien apareció en la puerta. Se trataba de una mujer de pelo cano con una gran sonrisa y los ojos encendidos como velas.

Carmen parpadeó, segura de estar soñando.

Pero entonces, antes de comprender lo que hacía, saltó de la silla. Se precipitó hacia delante, sin importarle la herida en la pierna, hasta dar con dos brazos que la envolvieron en un fuerte abrazo.

Allí estaba Nonna.

—Te he extrañado mucho —dijo Nonna unos minutos después, cuando Carmen y ella

estuvieron a solas en la habitación, cuando finalmente dejaron de abrazarse y llorar—. Yo misma le escribí al Sr. Grasso. El Sr. Vita tuvo la amabilidad de venir hasta Italia para poder acompañarme durante la travesía.

Así que *sí existía* un plan secreto. Solo que no era el que ella había imaginado.

—¿Viniste a buscarme? —le preguntó a Nonna, preocupada.

Nonna se inclinó hacia adelante y le apartó el pelo de los ojos. Luego negó con la cabeza.

—Creo que esta es tu casa, tesoro —dijo—. Tu papá te trajo aquí, y yo sé lo triste que se pondrían los Grasso si te fueras. Especialmente ese *trottolino,* Tony.

Carmen miró a Nonna. ¿Realmente hacía cuatro años que no la veía? ¿Cómo había podido vivir todo ese tiempo sin ella?

—¿Te piensas quedar aquí? —preguntó.

Todo era posible, ¿no es cierto?

Nonna sonrió.

—Al menos por un tiempito. Ya veremos si me adapto.

Carmen volvió a abrazar a su abuela, y sintió el aroma tan familiar: una mezcla de olor a limones, flores, mar y al pueblo donde había nacido. Una punzada en el corazón hizo que se diera cuenta de lo mucho que extrañaba Italia. Por supuesto que le gustaría regresar, pero no ahora; y tampoco para siempre.

¿Podrían ella y Nonna tener dos casas, una a cada lado del océano?

Abrió la boca para hacer la pregunta, pero alguien estaba tocando a la puerta; unas vocecitas inquietas y emocionadas las llamaban.

—¡Vamos!

—¡Tenemos hambre!

—¡A mí me toca sentarme al lado de Nonna!

—¡No, a mí!

Nonna se levantó.

—Será mejor que salgamos —dijo, y le guiñó un ojo a su nieta.

Atravesaron la puerta tomadas de la mano, agarrándose fuertemente.

Tendrían mucho tiempo por delante para hablar del futuro.

Ahora mismo, la mesa estaba puesta, la cena estaba caliente.

Y su familia las estaba esperando.

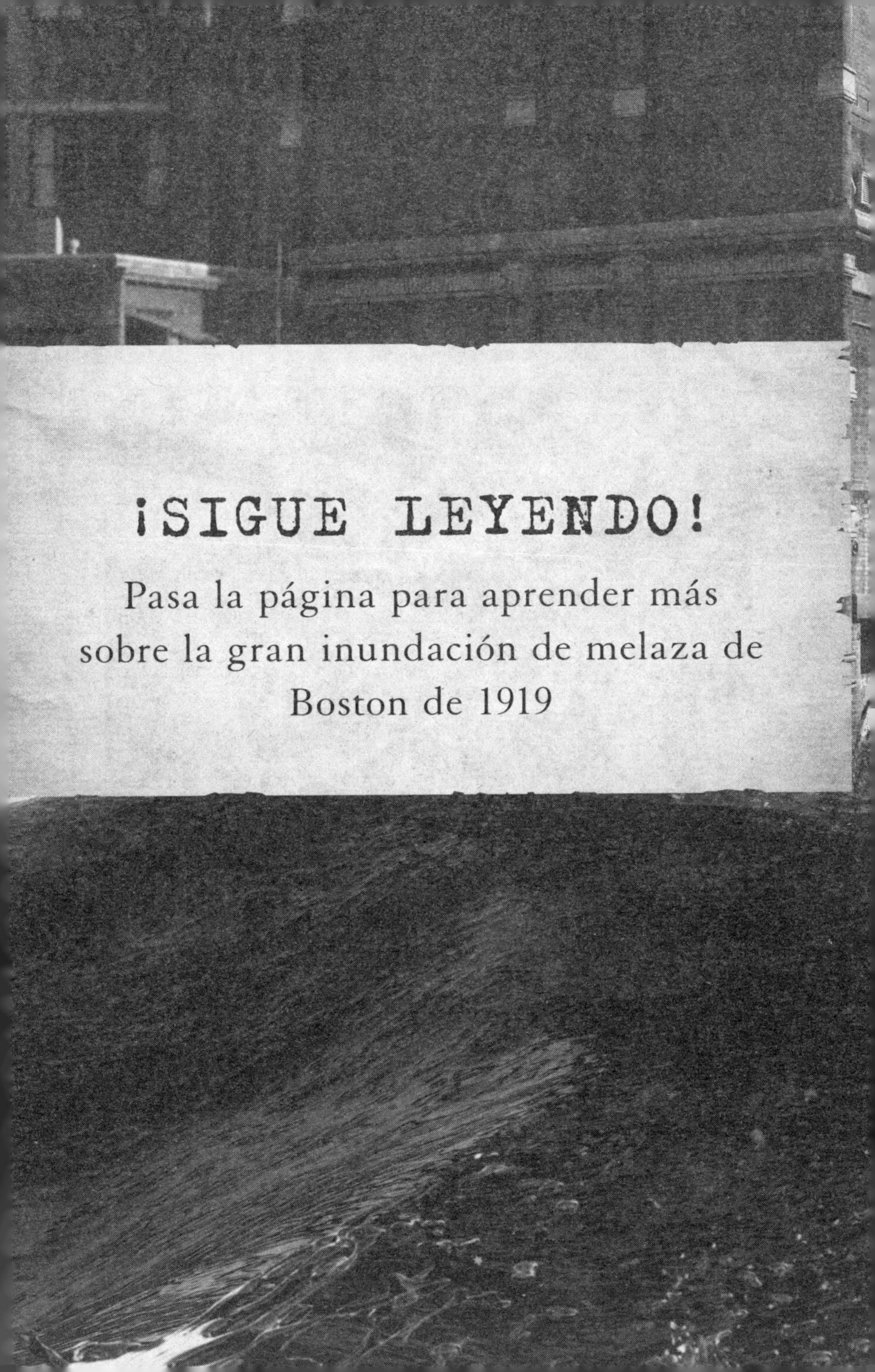

¡SIGUE LEYENDO!

Pasa la página para aprender más sobre la gran inundación de melaza de Boston de 1919

Residentes de la ciudad examinan los estragos de la inundación mientras una ambulancia se mantiene a la espera.

SOBRE CÓMO ESCRIBÍ ESTE LIBRO

Hola, lectores:

Fue uno de ustedes, un lector de la serie Sobreviví, quien me sugirió que escribiera sobre la inundación de melaza de Boston. ¡Siempre me dan muy buenas ideas!

Como la mayoría de las personas, nunca había oído hablar de esta extraña catástrofe, pero por supuesto sentí curiosidad. La manera en que todos se referían al desastre —¡la inundación de melaza!—, me pareció graciosa. Algunos de los artículos que leí tenían títulos un poco ridículos, como "El tsunami pegajoso" o "El río de melaza".

Sin embargo, cuando empecé a investigar comprendí inmediatamente que no había nada de gracioso en ese terrible desastre. Lo sucedido había sido realmente trágico, horroroso y muy triste. Veintiuna personas perdieron la vida, incluidos dos niños. Muchas de las aproximadamente 150 personas que resultaron heridas nunca se recuperaron del todo y sufrieron durante toda su vida.

Lo que hizo que este suceso fuera aún más trágico fue el hecho de que pudo haberse evitado. No fue un desastre natural, como un tornado o un huracán. La inundación de melaza fue un desastre "creado por el hombre", causado por personas que tomaron malas decisiones. El tanque de melaza no surgió de forma natural en medio de Boston. Alguien *decidió* ponerlo allí.

El tanque no tuvo la culpa de tener un salidero. Fueron sus propietarios los responsables del desastre. No hicieron pruebas para asegurarse de que podía almacenar más de dos millones de galones de melaza. Hicieron oídos sordos a las advertencias. No mostraron ninguna preocupación por los hombres, mujeres y niños que vivían y trabajaban cerca del lugar donde se encontraba el tanque.

Es sobre estos últimos que trata este libro. Como todos los libros de la serie Sobreviví, este también es una obra de ficción histórica, lo que significa que todos los hechos son verdaderos (esa es la parte "histórica"). La parte de "ficción" son los personajes, todos ellos producto de mi imaginación.

Pero estos personajes inventados se basan a su vez en personajes reales, hombres, mujeres y niños que vivían en North End, el barrio de Boston donde tuvo lugar la inundación. Casi todas las personas que vivían en ese barrio en el momento de la catástrofe eran inmigrantes. Habían venido de otros países. Lo habían abandonado todo, incluyendo a sus familiares y conocidos. Habían cruzado el océano para comenzar una nueva vida en una tierra extraña: Estados Unidos. Entre 1880 y la década de 1920, más de 23 millones de inmigrantes llegaron a este país, cinco millones de ellos provenían del sur de Italia.

Inmigrantes italianos e irlandeses esperan para entrar a Estados Unidos, alrededor de 1900.

Algunos de los lectores que leen ahora este libro inmigraron recientemente. Saben lo que significa dejar atrás su país, despedirse de su casa, de sus amigos y de su escuela. Saben lo que es mudarse a un país extraño donde tienen que aprender un nuevo idioma y nuevas costumbres, hacer nuevos amigos y comer alimentos que nunca antes habían probado. Y si no son inmigrantes, lo más probable es que alguien de su familia lo sea. A menos que sean nativos americanos, alguien de su familia debió de haber nacido en otro país y haber venido a Estados Unidos, ya sea en barco, en avión o caminando, con la esperanza de forjar un futuro mejor. Si el lector es afroamericano, lo más posible es que sus ancestros no hayan elegido venir a este país. Posiblemente hayan sido capturados en su propia tierra, encadenados y traídos como esclavos.

¿Conoces la historia de cómo llegó tu familia a Estados Unidos? Si no la sabes, pregúntales a tus padres o a otro familiar. A mí me gustaría saber más sobre cómo llegaron mis ancestros a este país. La historia de la cual tengo más detalles es la de mi bisabuela, Elizabeth Yasnitz Rosen, que

Mi bisabuela Elizabeth, el día de su matrimonio con Nathan Rosen, en 1914.

migró sola desde Rusia a Estados Unidos en 1909, cuando tenía trece años. Ella y sus familiares vivían constantemente amenazados en aquel país por ser judíos.

El viaje a Estados Unidos fue difícil para ella. Llegó sin dinero, sin saber inglés e ignorando cómo era la vida aquí. Vino a vivir con su hermana mayor, Bessie, que había venido unos años antes, en un apartamento de dos habitaciones en un barrio sobrepoblado y sucio muy similar al

North End donde vivían Carmen y su papá en Boston. Acabada de llegar, mi bisabuela comenzó a trabajar en una fábrica, a la edad de trece años. Al principio, la vida en Estados Unidos le resultó sumamente difícil, pero como Carmen, llegó a echar raíces aquí y a amar a este país. Si mi bisabuela no hubiera encontrado el valor para abandonar Rusia y venir a Estados Unidos, si no le hubieran dado la bienvenida en este país, yo no existiría hoy en día (¡y no estaría escribiendo estas palabras!).

Gracias por compartir conmigo este viaje al pasado, y por inspirarme a través de la ardua creación de este libro.

MÁS DATOS

Como siempre, aprendí mucho al investigar para escribir este libro, ¡tanto que no pude incluir en la historia todo lo que aprendí! Aquí van algunos datos interesantes sobre la inundación de melaza y la vida en Estados Unidos entre 1918 y 1919:

TOMÓ MESES LIMPIAR LA MELAZA DESPUÉS DE LA INUNDACIÓN

A los pocos minutos del desastre, el área de North End que daba al mar se repletó de policías,

Un pedazo del tanque después de la inundación.

bomberos, médicos, enfermeras y otros rescatistas, todos los cuales trabajaron sin descanso en la búsqueda de víctimas. Encontraron personas bajo los restos de los edificios, atrapadas en sótanos inundados de melaza y enredadas entre pedazos de metal retorcidos y carretas destrozadas. Lo que hizo más difícil la tarea de rescate fue que la melaza se endureció. Los rescatistas tuvieron que usar picos y cinceles para liberar algunos de los cuerpos.

Bomberos metidos hasta las rodillas en la melaza.

La limpieza fue un desafío enorme. Había melaza endurecida por todas partes: en los sótanos, en las calles, en las aceras. No se quitaba echándole agua corriente. Los bomberos tuvieron que usar un barco contraincendios para extraer millones de galones de agua salada de la bahía y verterla en las calles y las aceras. La sal aflojó la melaza y de ese modo los trabajadores pudieron limpiarla.

Un trabajador usa un soplete para cortar parte del tanque.

El olor a melaza se extendió mucho más allá de North End. Limpiar los escombros tomó alrededor de seis meses, tras lo cual los negocios frente al mar pudieron a reabrir.

Las vías del tren elevado estuvieron a punto de derrumbarse al ser golpeadas por un pedazo del tanque.

LA COMPAÑÍA PROPIETARIA DEL TANQUE SE NEGÓ A ASUMIR LA CULPA

Desde el principio resultó obvio que United States Industrial Alcohol, la compañía propietaria del tanque, era la responsable del desastre. Lo habían fabricado de prisa y no lo hicieron de la manera correcta ni lo probaron adecuadamente. Durante tres años ignoraron los salideros. Isaac Gonzalez, uno de los empleados de la compañía, estaba tan preocupado por el tanque que tenía pesadillas. Les advirtió a sus jefes de la situación, pero ellos no hicieron nada al respecto. Muchas personas que vivían y trabajaban cerca del lugar donde se hallaba el tanque conocían del peligro que presentaba y sabían que podía ocurrir un desastre. Pero USIA se negó a admitir que había fabricado mal el tanque. En lugar de eso, trató de convencer a la gente de que alguien lo había volado, y sostenía que alguien había arrojado dinamita dentro del tanque y lo había hecho explotar.

Pocos creyeron esta mentira. Un ingeniero que estudió los restos del tanque determinó que el acero que la compañía había utilizado en su fabricación no era lo suficientemente fuerte para un tanque de esas dimensiones, ni tenía los remaches necesarios para mantener unidas las piezas. Se suponía que la compañía debía probar el tanque antes de llenarlo con melaza. Primero tenían que haberlo llenado con agua hasta arriba, para ver si se filtraba, pero eso habría costado tiempo y dinero, así que USIA lo llenó con solo unas cuantas pulgadas de agua y lo declaró seguro, tras lo cual comenzó a usarlo para almacenar melaza. Tres semanas después de la inundación, un juez de la ciudad de Boston escribió un informe en el que rechazaba la idea de que el tanque hubiera sido detonado. El tanque estaba mal fabricado y fue por eso que explotó y causó tanto daño.

USIA FUE SANCIONADA POR CAUSAR LA INUNDACIÓN

Nadie de la compañía fue a la cárcel, pero las víctimas de la inundación y sus familiares se unieron y demandaron a USIA. El caso legal se prolongó durante seis años. Al final, un juez decidió que USIA debía pagar un total de $693.000 a las víctimas de la inundación. Esa cifra podría parecer pequeña, pero hoy en día representaría unos diez millones de dólares.

Además, fue una importante victoria para las víctimas de la inundación y para aquellos que perdieron a sus padres, madres, hijos y otros seres queridos a causa del desastre, ya que nunca antes en Estados Unidos una compañía se había visto obligada a pagar a las víctimas de un desastre causado por su negligencia.

LOS RESULTADOS DE LA GRAN INUNDACIÓN DE MELAZA DE BOSTON

Hoy en día, el dueño de una compañía que quiera construir un tanque gigante tiene primero que conseguir un permiso de la ciudad y su plan tiene que ser aprobado por ingenieros. En otras palabras, existen leyes que regulan que nadie construya un tanque, un edificio, una casa o una fábrica que no sean seguros.

Muchas de esas leyes existen como resultado de la inundación de melaza.

LOS CIENTÍFICOS HAN ESTADO ESTUDIANDO ESTE DESASTRE DURANTE AÑOS

Han pasado cien años desde la inundación de melaza. Desde entonces, los científicos no han dejado de investigar lo que sucedió. Todos coinciden en que el tanque fue mal fabricado y que USIA fue la culpable del desastre.

Pero hay otra razón por la cual el tanque era peligroso, y tiene que ver con la manera en que la melaza se comporta cuando se almacena dentro de un espacio cerrado. La melaza no es como el agua o muchos otros líquidos que son fáciles de almacenar, pues está llena de gérmenes que hacen que burbujee. La palabra científica para describir este fenómeno es "fermentación". Muchas personas reportaron haber escuchado ruidos extraños que provenían del interior del tanque cuando estaba lleno. Los empleados que trabajaban para la compañía sabían que estos ruidos significaban que la melaza estaba fermentando. Sabían que esto podía ser peligroso, que los gases causados por la fermentación podían acumularse y provocar explosiones. Es posible que el proceso de fermentación le añadiera más presión al tanque mal construido y fuera una de las causas del desastre. Y sí, USIA también debería haberlo sabido.

LA MELAZA SOLÍA SER MÁS COMÚN QUE EL AZÚCAR NORMAL

La melaza procede de la misma planta de la que se extrae el azúcar: la caña de azúcar. El azúcar

Trozos de caña de azúcar.

se obtiene mediante un complicado proceso de ebullición del jugo de la caña. La melaza es lo que sobra después de hacer el azúcar.

Una lata de caramelos de melaza, alrededor de 1910.

Hoy en día se puede vivir toda una vida sin probar jamás la melaza. Este producto se utiliza principalmente en algunas viejas recetas como la del pan de jengibre o la de los frijoles horneados. (Tengo un frasco polvoriento de melaza que no he abierto en años en el fondo de la alacena).

Sin embargo, hasta finales del siglo XIX los estadounidenses utilizaban muchísima melaza. ¿Por qué? Porque el azúcar era tan cara que la mayoría de la gente solo la empleaba en ocasiones muy especiales, como al hornear un pastel de cumpleaños o endulzar el té de un invitado de honor. La melaza se utilizaba para endulzar todo lo demás. Pero a medida que disminuyó el precio del azúcar, la melaza se fue utilizando cada vez con menos frecuencia. En la época en que se fabricó el tanque de esta historia, casi toda la melaza que se importaba en Estados Unidos se utilizaba para fabricar alcohol industrial, el cual se empleaba a su vez sobre todo para fabricar explosivos y bombas para los campos de batalla de la Primera Guerra Mundial.

EN 1919, ESTADOS UNIDOS ESTABA CAMBIANDO... RÁPIDAMENTE

En la época de la inundación de melaza, Estados Unidos se encontraba en pleno proceso de transformación. La manera en que las personas vivían, trabajaban y viajaban estaba cambiando a causa de los nuevos inventos y los avances tecnológicos. Habían surgido nuevos medicamentos y vacunas que ayudaban a que las personas

Cuatro hombres se toman un descanso de un viaje en Buick en 1918.

vivieran vidas más largas. El número de personas que paseaban en automóviles aumentaba; muy pronto los caballos desaparecerían de las calles en las grandes ciudades y en los pueblos. Las bombillas reemplazaron a las velas y a las lámparas de gas, e hicieron que las casas estuvieran mejor iluminadas. También surgieron nuevas formas de entretenimiento, como el cine y la radio.

También estaban ocurriendo otros cambios más importantes, especialmente para las mujeres.

Las mujeres que luchaban por el derecho al voto se llamaban sufragistas. Grupo de sufragistas se dirige a Boston, alrededor de 1913.

Durante años, las mujeres habían estado luchando por la igualdad de derechos, por que se les permitiera trabajar en el mismo tipo de empleo que los hombres, por poder abrir cuentas bancarias y, quizás lo más importante, por poder votar. En 1919 (unos meses después, pero en el mismo año de la inundación), por fin conseguirían el derecho al voto.

LA PRIMERA GUERRA MUNDIAL FUE LA GUERRA MÁS LETAL QUE EL MUNDO HABÍA EXPERIMENTADO HASTA EL MOMENTO

En aquel entonces, a la Primera Guerra Mundial se le llamó la Gran Guerra. Comenzó en 1914 y sus causas fueron complejas; los historiadores hoy en día aún no se ponen de acuerdo sobre el origen de esta larga y sangrienta contienda. Pero la mayoría de los historiadores culpan a los líderes alemanes, que querían que Alemania fuera más poderosa. Independientemente de las causas, la guerra estalló en julio de 1914, con Alemania y otros países de un lado luchando contra los ejércitos de Francia, Inglaterra y Rusia. Las mayores batallas tuvieron lugar en los bosques y campos de Francia y Bélgica.

Decenas de miles de soldados morían todos los días en las feroces batallas. Los soldados utilizaban nuevos tipos de armas, que incluían ametralladoras, cañones y bombas más potentes, y gases tóxicos. Luchaban en trincheras, unas zanjas largas que los protegían de algunas balas, pero que podían convertirse a su vez en una trampa. Algunos soldados no solo tuvieron que luchar en estas trincheras enlodadas y llenas ratas, sino que tuvieron que vivir en ellas durante semanas y hasta meses.

La mayoría de los estadounidenses quería mantenerse al margen de la guerra, pero en 1917 Estados Unidos se unió a Francia, Inglaterra y Rusia en la lucha contra Alemania. En los meses

Soldados estadounidenses y franceses en una trinchera durante la Primera Guerra Mundial.

siguientes, casi cuatro millones de soldados estadounidenses participarían en la guerra. Más de 115.000 murieron y muchos otros regresaron a casa después de haber sido heridos gravemente, con piernas y brazos amputados, pulmones afectados por el gas y terribles pesadillas a causa de los recuerdos horripilantes.

Casi cuarenta millones de personas en el planeta murieron en la Primera Guerra Mundial. Esta cifra incluye a los soldados que murieron en batalla y a los civiles que fallecieron a causa de heridas o enfermedades que se propagaron durante la guerra.

La contienda terminó finalmente el 11 de noviembre de 1918, fecha que se conoce como el "Día del Armisticio". En Estados Unidos se celebra como el Día de los Veteranos.

Se suponía que la Primera Guerra Mundial fuera "la guerra que acabaría con todas las guerras", pero trágicamente no fue así. Apenas veinte años después, Adolf Hitler, el líder de Alemania, inició la Segunda Guerra Mundial y el Holocausto. Esa guerra fue aún más sangrienta, y en ella murieron más de 73 millones de personas en todo el mundo.

UN TERCIO DE LA POBLACIÓN MUNDIAL ENFERMÓ A CAUSA DE LA GRIPE ESPAÑOLA

Los científicos no se ponen de acuerdo sobre dónde y cuándo surgieron los primeros casos de gripe española, pero la enfermedad no empezó en España. Se le dio ese nombre porque el rey de España fue una de las primeras personas famosas en fallecer a causa de la enfermedad, en mayo de 1918. En ese entonces muy pocos pensaron que la enfermedad se extendería tan pronto por todo el mundo, pero a los médicos les preocupaba, ya que desde el principio se dieron cuenta de que no se trataba de una gripe común y corriente.

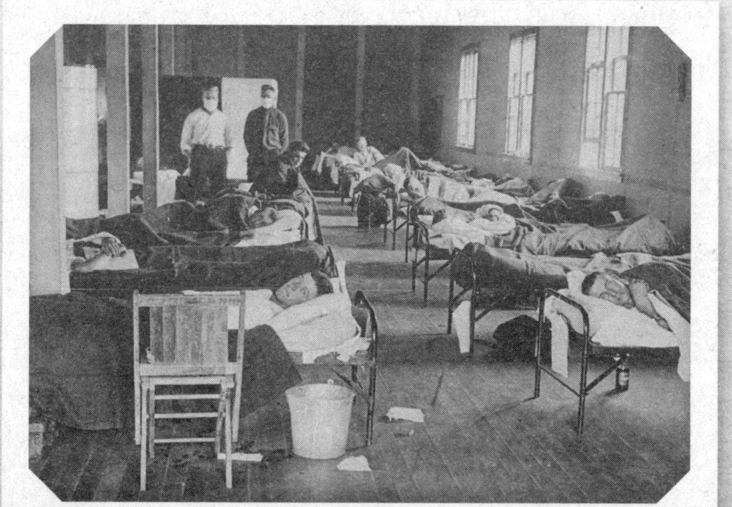

Pacientes infectados con la gripe española en el campus del Colorado Agricultural College en 1918.

Muchos tipos de gripe son muy peligrosos para niños, ancianos o personas con un sistema inmunológico débil, pero la gripe española mató incluso a hombres jóvenes y fuertes (como el papá de Carmen). Los primeros síntomas de la enfermedad eran dolor de cabeza y fiebre, pero a menudo se desarrollaba una neumonía mortal que afectaba gravemente los pulmones de las personas.

El primer gran brote de gripe española en Estados Unidos comenzó en las afueras de Boston, en una base militar, y se extendió rápidamente por toda la ciudad y el país. Los expertos estiman que un tercio de la población mundial se infectó con la gripe; alrededor de cincuenta millones murieron, incluyendo aproximadamente 675.000 en Estados Unidos.

UNA VIEJA RECETA DE PAN DE JENGIBRE

La historia de la inundación de melaza es realmente triste, por eso me gustaría terminar este libro con algo que nos endulce el alma: la receta de pan de jengibre. Se trata de un pan de especias delicioso hecho con melaza. Los niños como Carmen seguramente comían pan de jengibre en 1919. A mis cuatro hijos les encanta... y creo que a ti también te gustará.

Ingredientes

Mantequilla o aceite y harina para espolvorear el molde
½ taza de mantequilla sin sal
½ taza de azúcar morena clara
1 taza de melaza
1 huevo grande
2½ tazas de harina común
1½ cucharaditas de bicarbonato de sodio
2 cucharaditas de jengibre molido
1 cucharadita de canela
½ cucharadita de clavo de olor molido
1 taza de agua hirviendo*

---

*Pídele ayuda a un adulto para hervir el agua.

Instrucciones

1. Pídele a un adulto que te ayude a poner el horno a 350 grados.
2. Prepara un molde de 9 x 9 pulgadas. Engrasa el interior con mantequilla o aceite. Espolvorea un poco de harina en el molde. Agita el molde para que la harina se pegue a la grasa. Desecha la harina sobrante.
3. En un bol grande, bate la mantequilla y el azúcar con una batidora eléctrica hasta hacer una crema.
4. Añade la melaza y el huevo, y mézclalo todo.
5. Añade la harina, el bicarbonato, el jengibre, la canela y los clavos de olor, y continúa mezclando.
6. Pídele a un adulto que te ayude a añadir el agua, y bate hasta tener una mezcla homogénea.
7. Vierte la mezcla en el molde preparado.
8. Pídele a un adulto que te ayude a poner el molde en el horno. Hornea por 40 o 45 minutos o hasta que un palillo insertado en el centro del molde salga limpio.
9. Pídele a un adulto que te ayude a sacar el pan del horno. Déjalo enfriar antes de servirlo.

CONTINÚA LEYENDO

Algunos libros que puedes leer sobre la inundación de melaza y la época en la que tuvo lugar:

The Great Molasses Flood, de Deborah Kops, Watertown, MA: Charlesbridge, 2012

Joshua's Song, de Joan Hiatt Harlow, Nueva York, Simon & Schuster, 2001

Otros libros de la serie Sobreviví relacionados con el tema y la época:

Sobreviví los ataques de tiburones de 1916 tiene lugar en Nueva Jersey, unos cuantos años antes de la inundación de melaza en Boston.

Sobreviví el naufragio del Titanic, *1912* tiene lugar siete años antes de la inundación de melaza y también toca el tema de los inmigrantes italianos.

BIBLIOGRAFÍA ESCOGIDA

"A Deadly Tsunami of Molasses in Boston's North End", de Julia Press, en: *NPR*, 15 de enero de 2019

"Boston, Massachusetts", en: *American Influenza Epidemic of 1918-1919: A Digital Encyclopedia*, del Centro de Estudios de la Historia de la Medicina de la Universidad de Michigan y Michigan Publishing, Biblioteca de la Universidad de Michigan

Dark Tide, de Stephen Puleo, Boston: Beacon Press, 2003

"How the Boston Molasses Flood Ushered in the

Era of Modern Regulation", de Jared Keller, en: *Pacific Standard*, 7 de enero de 2019

The Boston Italians, de Stephen Puleo, Boston: Beacon Press, 2007

The Great Influenza: The Story of the Deadliest Pandemic in Human History, de John M. Barry, New York: Penguin Group, 2004

The Long Way Home, de David Laskin, New York: HarperCollins, 2010

"The Life of American Workers", *Monthly Labor Review*, Oficina de Estadísticas Laborales, febrero de 2016

"The Science of the Great Molasses Flood", de Ferris Jabr, en: *Scientific American*, 1 de agosto de 2013

SOBREVIVÍ

EL TERREMOTO DE SAN FRANCISCO, 1906

UNA CIUDAD QUE CRECE... DE PRONTO CAE.

A Leo le gusta ser repartidor de periódicos en San Francisco: necesita el dinero y el trabajo le proporciona, además, la libertad de explorar la maravillosa y empinada ciudad que está creciendo junto al nuevo siglo. Coches tirados por caballos comparten las calles con elegantes automóviles; familias y comercios llegan a diario de todas partes, y todo parece posible.

Pero una mañana de primavera, todo cambia de repente. El mundo de Leo se estremece, literalmente, y el chico se ve abandonado en medio de la ciudad, mientras esta se quema y se desmorona hasta sus cimientos. ¿Podrá Leo sobrevivir este devastador desastre?